Impressum
Verlag: BABADADA GmbH, Nedderfeld 112 , 22529 Hamburg
Geschäftsführer / Verlagsleitung: Harald Hof
Druck: Books on Demand GmbH, In de Tarpen 42, 22848 Norderstedt

Imprint
Publisher: BABADADA GmbH, Nedderfeld 112 , 22529 Hamburg, Germany
Managing Director / Publishing direction: Harald Hof
Print: Books on Demand GmbH, In de Tarpen 42, 22848 Norderstedt, Germany

5ch00l

ysgol

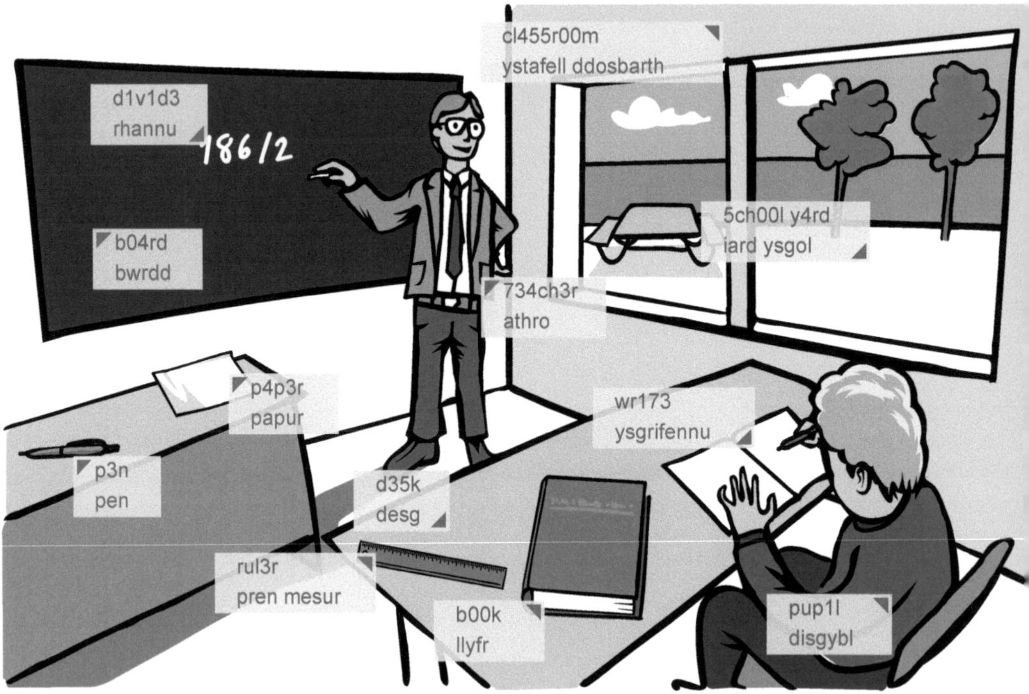
cl455r00m
ystafell ddosbarth
d1v1d3
rhannu
186/2
b04rd
bwrdd
734ch3r
athro
5ch00l y4rd
iard ysgol
p4p3r
papur
wr173
ysgrifennu
p3n
pen
d35k
desg
rul3r
pren mesur
b00k
llyfr
pup1l
disgybl

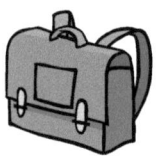

547ch3l

bag ysgol

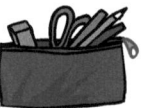

p3nc1l c453

blwch penseli

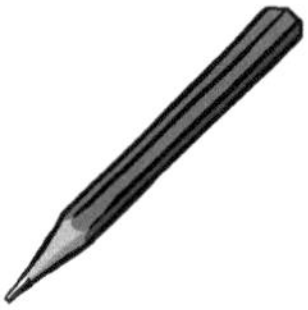

p3nc1l

pensil

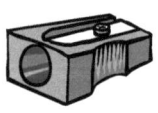

p3nc1l 5h4rp3n3r

peth rhoi min ar bensil

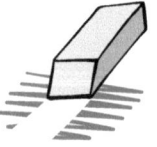

rubb3r

rwber

dr4w1n6 p4d

pad arlunio

dr4w1n6
....
llun

p41n7bru5h
....
brws paent

p41n7 b0x
....
blwch paent

5c1550r5
....
siswrn

6lu3
....
glud

3x3rc153 b00k
....
llyfr ysgrifennu

h0m3w0rk
....
gwaith cartref

numb3r
....
rhif

2+2

4dd
....
ychwanegu

5-2

5ub7r4c7
....
tynnu

2×2

mul71ply
....
lluosi

c4lcul473
....
cyfrifo

A

l3773r
....
llythyren

ABCDEFG
HIJKLMN
OPQRSTU
VWXYZ

4lph4b37
....
gwyddor

hello

w0rd
....
gair

73x7
....
testun

r34d
....
darllen

ch4lk
....
sialc

l3550n
....
gwers

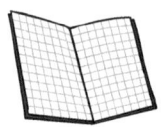

r361573r
....
cofrestr

3x4m1n4710n
....
arholiad

c3r71f1c473
....
tystysgrif

5ch00l un1f0rm
....
gwisg ysgol

3duc4710n
....
addysg

3ncycl0p3d14
....
gwyddoniadur

un1v3r517y
....
prifysgol

m1cr05c0p3
....
microsgop

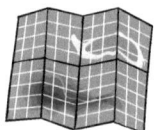

m4p
....
map

w4573-p4p3r b45k37
....
basged papur gwastraff

7r4v3l
teithio

h073l
gwesty
Grand
h0573l
hostel
ROOMS
EXCHANGE
curr3ncy 3xch4n63 0ff1c3
swyddfa gyfnewid
5u17c453
cês dillad
c4r
car

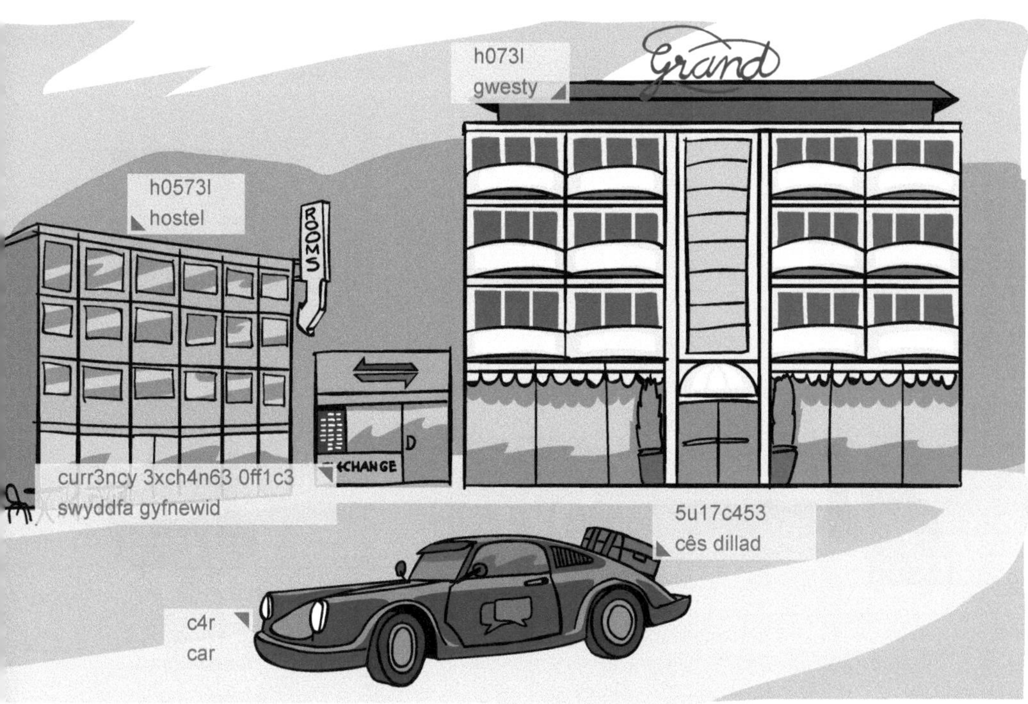

l4n6u463

iaith

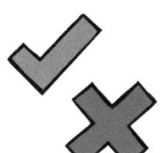

y35 / n0

ie / na

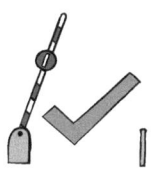

0k4y

iawn

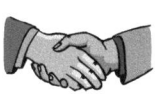

h3ll0

helo

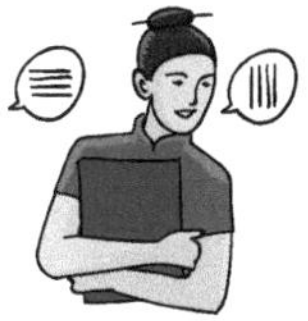

7r4n5l470r

cyfieithydd

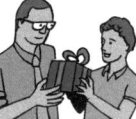

7h4nk y0u

Diolch yn fawr

h0w much 15
faint yw ...?

1 d0 n07 und3r574nd
Dw i ddim yn deall

pr0bl3m
problem

600d 3v3n1n6!
Noswaith dda!

600d m0rn1n6!
Bore da!

600d n16h7!
Nos da!

600dby3
hwyl

d1r3c710n
cyfarwyddyd

lu66463
bagiau

b46
bag

b4ckp4ck
gwarbac

6u357
gwestai

r00m
ystafell

5l33p1n6 b46
sach gysgu

73n7
pabell

70ur157 1nf0rm4710n

gwybodaeth i ymwelwyr

b34ch

traeth

cr3d17 c4rd

cerdyn credyd

br34kf457

brecwast

lunch

cinio

d1nn3r

swper

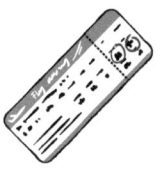

71ck37

tocyn

3l3v470r

lifft

574mp

stamp

b0rd3r

ffin

cu570m5

tollau

3mb455y

llysgenhadaeth

v154

fisa

p455p0r7

pasbort

7r4n5p0r7

cludiant

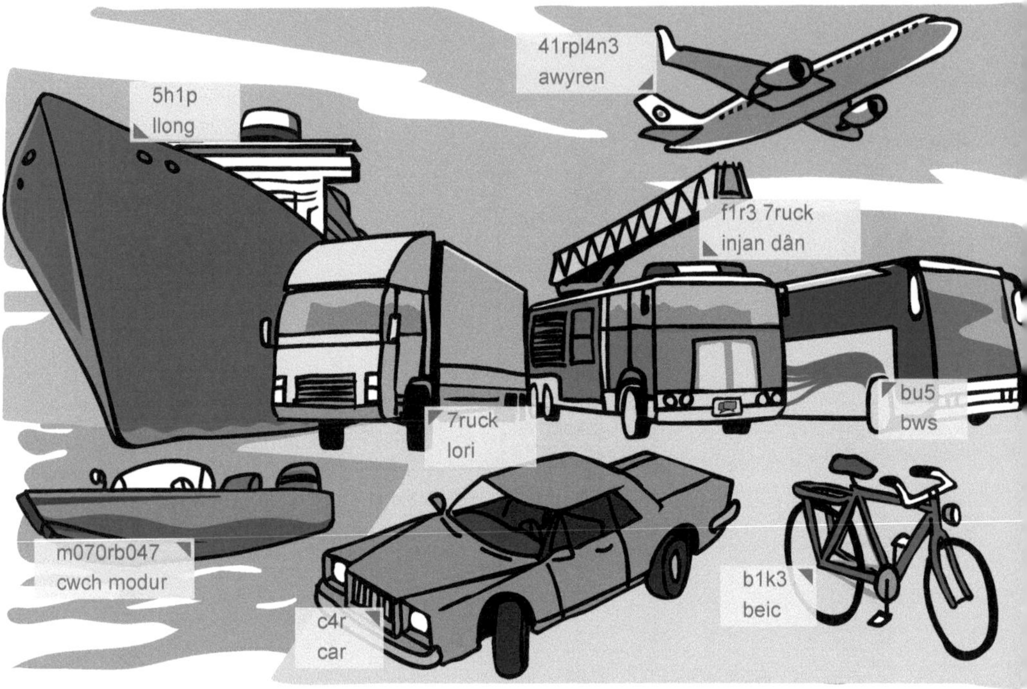
41rpl4n3
awyren
5h1p
llong
f1r3 7ruck
injan dân
bu5
bws
7ruck
lori
m070rb047
cwch modur
b1k3
beic
c4r
car

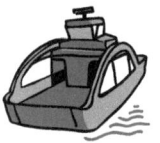

f3rry

fferi

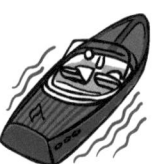

b047

cwch

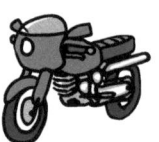

m070rb1k3

beic modur

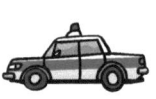

p0l1c3 c4r

car yr heddlu

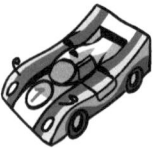

r4c1n6 c4r

car rasio

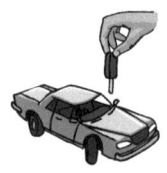

r3n74l c4r

car wedi'i rentu

c4r 5h4r1n6

rhannu car

70w 7ruck

lori tynnu

64rb463 7ruck

lori ysbwriel

3n61n3

modur

fu3l

tanwydd

fu3l 574710n

gorsaf betrol

7r4ff1c 516n

arwydd traffig

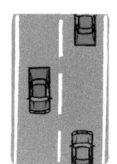

7r4ff1c

traffig

7r4ff1c j4m

tagfa draffig

p4rk1n6 l07

maes parcio

7r41n 574710n

gorsaf drennau

7r4ck5

traciau

7r41n

trên

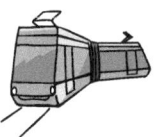

7r4m

tram

w460n

wagen

h3l1c0p73r

hofrennydd

41rp0r7

maes awyr

70w3r

tŵr

p4553n63r

teithiwr

c0n741n3r

cynhwysydd

c4r70n

paced

c4r7

cert

b45k37

basged

74k3 0ff / l4nd

esgyn / glanio

c17y

dinas

v1ll463

pentref

c17y c3n73r

canol y ddinas

h0u53

tŷ

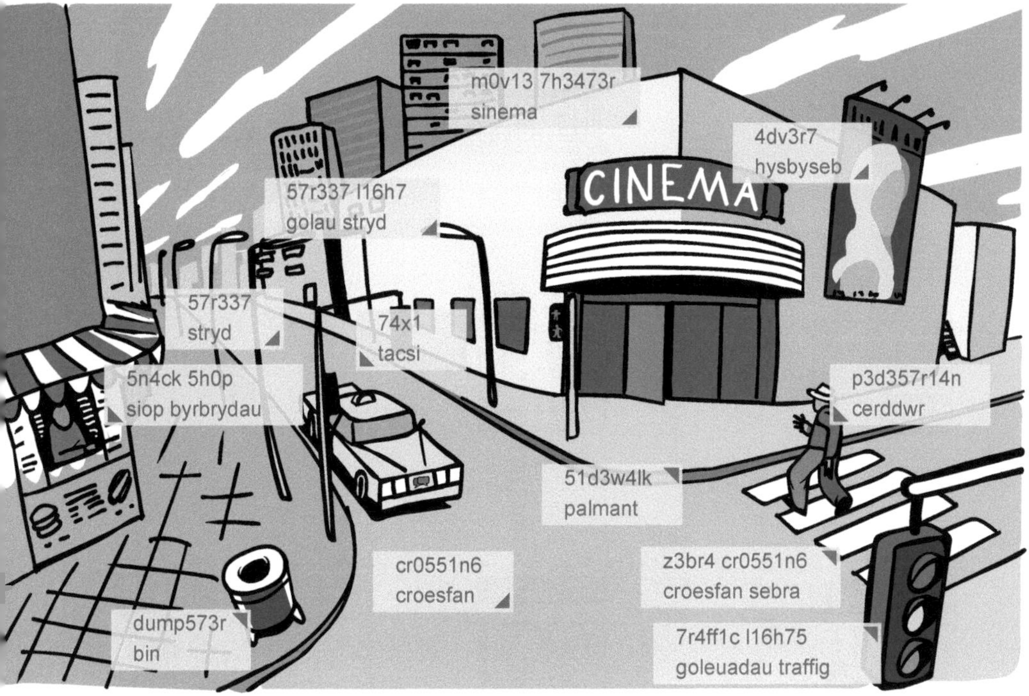

m0v13 7h3473r
sinema

4dv3r7
hysbyseb

57r337 l16h7
golau stryd

CINEMA

57r337
stryd

74x1
tacsi

5n4ck 5h0p
siop byrbrydau

p3d357r14n
cerddwr

51d3w4lk
palmant

cr0551n6
croesfan

z3br4 cr0551n6
croesfan sebra

dump573r
bin

7r4ff1c l16h75
goleuadau traffig

hu7

cwt

4p4r7m3n7

fflat

7r41n 574710n

gorsaf drennau

c17y h4ll

neuadd y dref

mu53um

amgueddfa

5ch00l

ysgol

c17y - dinas

un1v3r517y

prifysgol

b4nk

banc

h05p174l

ysbyty

h073l

gwesty

ph4rm4cy

fferyllfa

0ff1c3

swyddfa

b00k 5h0p

siop lyfrau

5h0p

siop

fl0w3r 5h0p

siop flodau

5up3rm4rk37

archfarchnad

m4rk37

farchnad

d3p4r7m3n7 570r3

siop adrannol

f15hm0n63r'5 5h0p

siop bysgod

m4ll

canolfan siopa

h4rb0r

harbwr

p4rk
parc

b3nch
banc

br1d63
pont

5741r5
grisiau

5ubw4y
rheilffordd danddaearol

7unn3l
twnnel

bu5 570p
safle bws

b4r
bar

r3574ur4n7
bwyty

p057b0x
blwch post

57r337 516n
arwydd stryd

p4rk1n6 m373r
mesurydd parcio

z00
sŵ

5w1mm1n6 p00l
pwll nofio

m05qu3
mosg

f4rm
fferm

p0llu710n
llygredd

c3m373ry
mynwent

church
eglwys

pl4y6r0und
maes chwarae

73mpl3
teml

l4nd5c4p3

tirwedd

l34f
deilen

516np057
arwydd cyfeirio

p47h
ffordd

m34d0w
dôl

570n3
carreg

7r33
coeden

h1k3r
heiciwr

r1v3r
afon

6r455
glaswellt

fl0w3r
blodyn

v4ll3y

cwm

f0r357

coedwig

c457l3

castell

p4lm 7r33

palmwydden

4n7

morgrugyn

h1ll

bryn

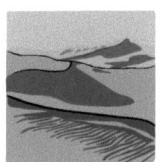

d353r7

anialwch

r41nb0w

enfys

m05qu170

mosgito

b33

gwenyn

l4k3

llyn

v0lc4n0

llosgfynydd

mu5hr00m

madarchen

fly

pryf

5p1d3r

pryf copyn

b337l3

chwilen

fr06

llyffant

5qu1rr3l

gwiwer

h3d63h06

draenog

h4r3

ysgyfarnog

0wl

tylluan

b1rd

aderyn

5w4n

alarch

b04r

baedd

d33r

carw

m0053

elc

d4m

argae

w1nd 7urb1n3

tyrbin gwynt

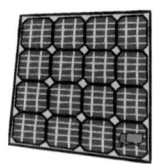

50l4r p4n3l

panel haul

cl1m473

hinsawdd

r3574ur4n7

bwyty

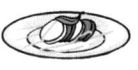

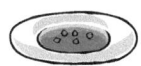

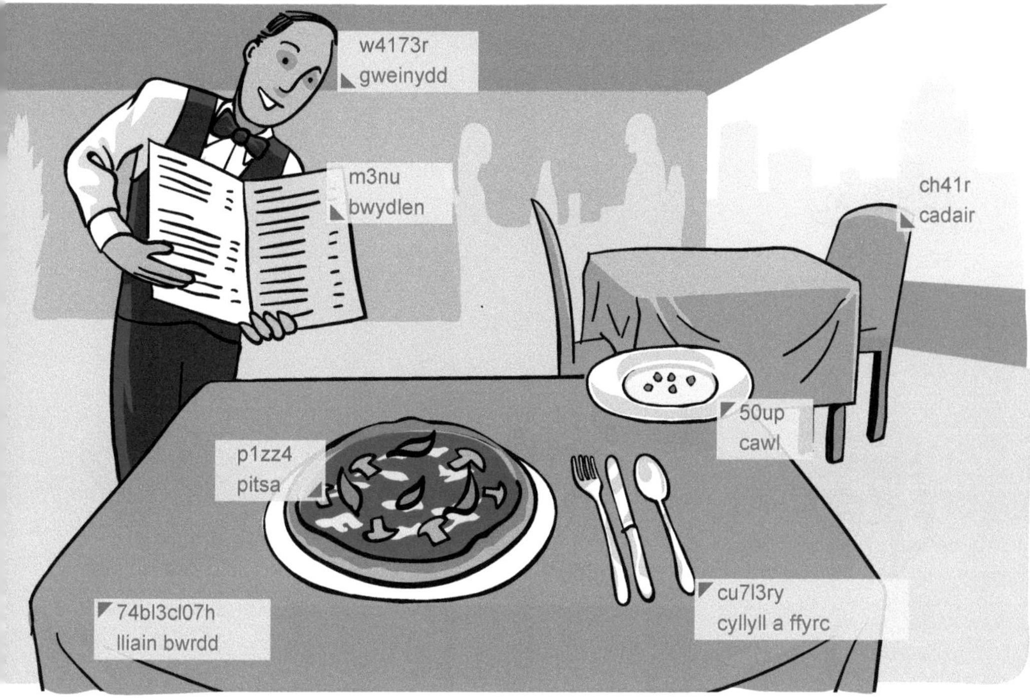
w4173r
gweinydd
m3nu
bwydlen
ch41r
cadair
50up
cawl
p1zz4
pitsa
cu7l3ry
cyllyll a ffyrc
74bl3cl07h
lliain bwrdd

574r73r

cwrs cyntaf

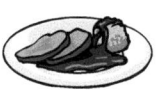

m41n c0ur53

prif gwrs

d3553r7

pwdin

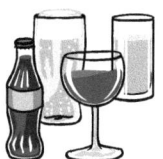

dr1nk5

diodydd

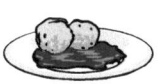

f00d

bwyd

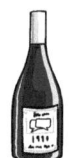

b077l3

potel

f457 f00d

bwyd cyflym

57r337 f00d

bwyd y stryd

734p07

tebot

5u64r b0wl

powlen siwgr

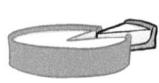

p0r710n

dogn

35pr3550 m4ch1n3

peiriant espresso

h16h ch41r

cadair plentyn

b1ll

bil

7r4y

hambwrdd

kn1f3

cyllell

f0rk

fforc

5p00n

llwy

7345p00n

llwy de

53rv13773

napcyn

6l455

gwydr

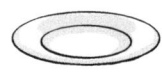

pl473
....
plât

50up pl473
....
plât cawl

54uc3r
....
soser

54uc3
....
saws

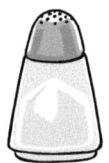

54l7 5h4k3r
....
pot halen

p3pp3r m1ll
....
melin bupur

v1n364r
....
finegr

01l
....
olew

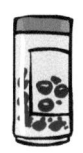

5p1c35
....
sbeisys

k37chup
....
saws coch

mu574rd
....
mwstard

m4y0nn4153
....
mayonnaise

5up3rm4rk37
archfarchnad

5p3c14l 0ff3r
cynnig arbennig
FOR
cu570m3r
cwsmer
d41ry pr0duc75
cynnyrch llaeth
fru17
ffrwythau
5h0pp1n6 c4r7
troli

BUTCHERS

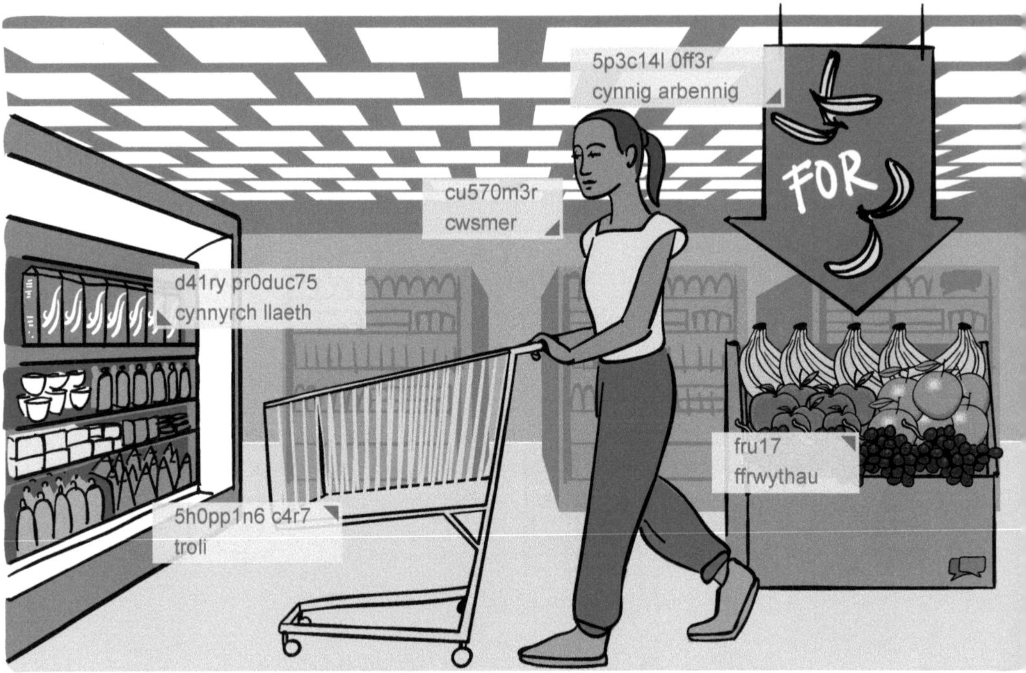

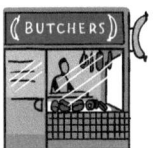

bu7ch3r'5 5h0p

siop gig

BAKERY

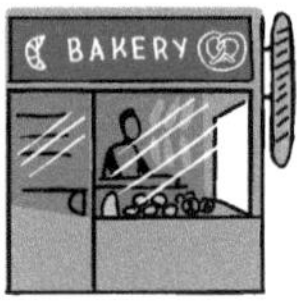

b4k3ry

siop fara

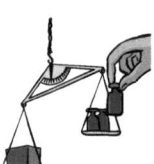

w316h

pwyso

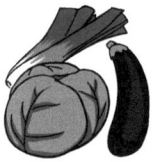

v36374bl35

llysiau

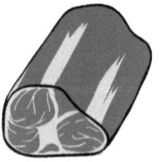

m347

cig

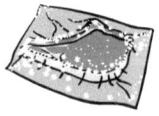

fr0z3n f00d

Bwyd wedi'i rewi

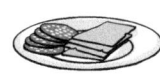

c0ld cu75

cig oer

c4nn3d f00d

bwyd tun

d373r63n7

powdr golchi

c4ndy

da-da

h0u53h0ld pr0duc75

cynnyrch cartref

cl34n1n6 pr0duc75

cynhyrchion glanhau

54l35 r3pr353n7471v3

gwerthwraig

c45h r361573r

til

c45h13r

ariannwr

5h0pp1n6 l157

rhestr siopa

0p3n1n6 h0ur5

oriau agor

w4ll37

waled

cr3d17 c4rd

cerdyn credyd

b46

bag

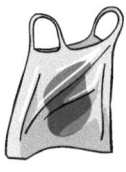

pl4571c b46

bag plastig

w473r

dŵr

ju1c3

sudd

m1lk

llefrith

c0k3

côc

w1n3

gwin

b33r

cwrw

4lc0h0l

alcohol

c0c04

coco

734

te

c0ff33

coffi

35pr3550

espresso

c4ppucc1n0

cappuccino

b4n4n4

ffrwchledd

4ppl3

afal

0r4n63

oren

m3l0n

melon

l3m0n

lemwn

c4rr07

moronen

64rl1c

garlleg

b4mb00

bambŵ

0n10n

nionyn

mu5hr00m

madarchen

nu75

cnau

n00dl35

nwdls

5p46h3771

sbageti

r1c3

reis

54l4d

salad

fr135

sglodion

fr13d p0747035

tatws wedi'u ffrïo

p1zz4

pitsa

h4mbur63r

hambyrger

54ndw1ch

brechdan

35c4l0p3

cytled

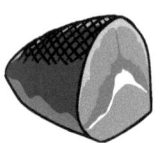

h4m

ham

54l4m1

salami

54u5463

selsig

ch1ck3n

cyw iâr

r0457

rhost

f15h

pysgodyn

p0rr1d63 0475
....
ceirch uwd

mu35l1
....
miwsli

c0rnfl4k35
....
creision ŷd

fl0ur
....
blawd

cr01554n7
....
croissant

br34d r0ll
....
bynsen

br34d
....
bara

70457
....
tost

c00k135
....
bisgedi

bu773r
....
menyn

curd
....
ceuled

c4k3
....
teisen

366
....
wy

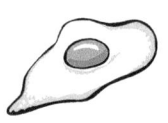

fr13d 366
....
wy wedi'i ffrïo

ch3353
....
caws

1c3 cr34m

hufen iâ

5u64r

siwgr

h0n3y

mêl

j3lly

jam

n0u647 cr34m

siocled taenu

curry

cyri

f4rm
fferm

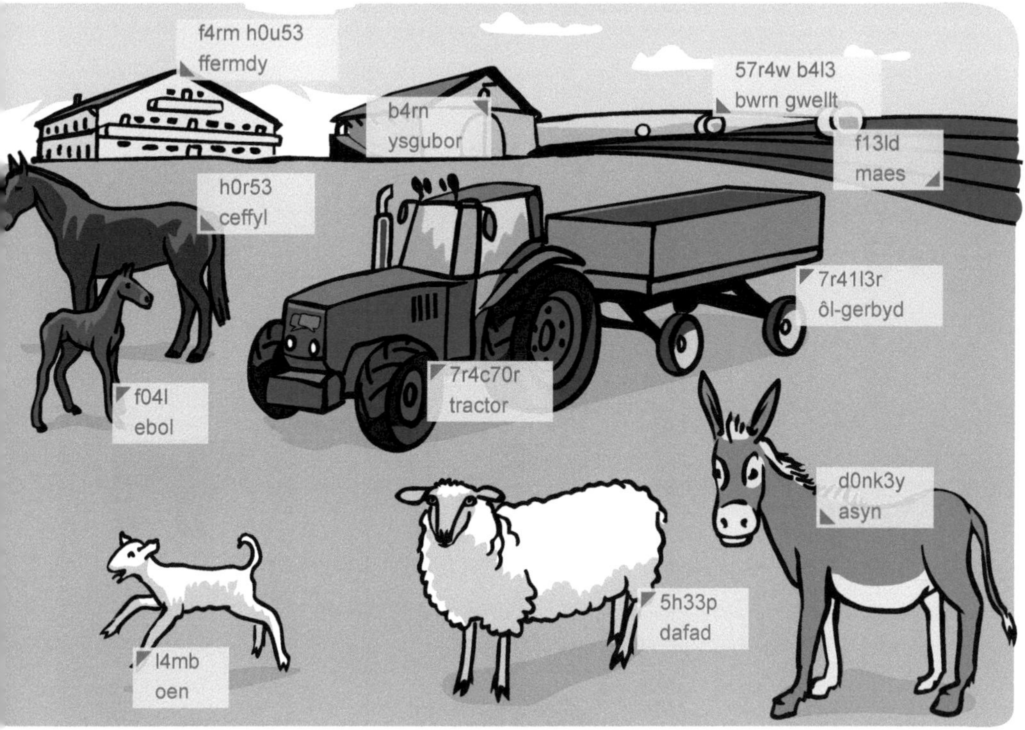
f4rm h0u53
ffermdy
b4rn
ysgubor
57r4w b4l3
bwrn gwellt
f13ld
maes
h0r53
ceffyl
7r41l3r
ôl-gerbyd
f04l
ebol
7r4c70r
tractor
d0nk3y
asyn
5h33p
dafad
l4mb
oen

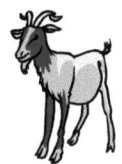

6047
gafr

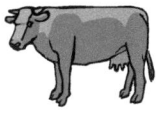

c0w
buwch

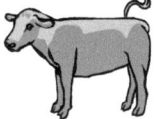

c4lf
llo

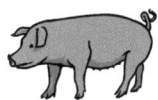

p16
mochyn

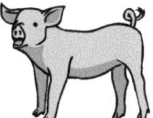

p16l37
porchell

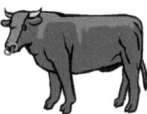

bull
tarw

60053

gwydd

duck

hwyaden

ch1ck

cyw

h3n

iâr

c0ck3r3l

ceiliog

r47

llygoden fawr

c47

cath

m0u53

llygoden

0x

ych

d06

ci

d06 h0u53

cwt ci

64rd3n h053

pibell ddŵr

w473r1n6 c4n

can dŵr

5cy7h3

pladur

pl0u6h

aradr

51ckl3

cryman

h03

fforch chwynu

p17chf0rk

picwarch

4x3

bwyell

pu5hc4r7

berfa

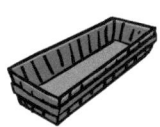

7r0u6h

cafn

m1lk c4n

tun llefrith

54ck

sach

f3nc3

ffens

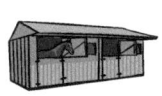

574bl3

stabl

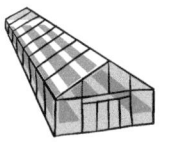

6r33nh0u53

tŷ gwydr

501l

pridd

533d

hedyn

f3r71l1z3r

gwrtaith

c0mb1n3 h4rv3573r

dyrnwr medi

h4rv357

cynaeafu

h4rv357

cynhaeaf

y4m5

iamau

wh347

gwenith

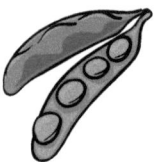

50y4

soi

p07470

tysen

c0rn

grawn

r4p3533d

had rêp

fru17 7r33

coeden ffrwythau

m4n10c

manioc

6r41n

grawnfwydydd

h0u53

tŷ

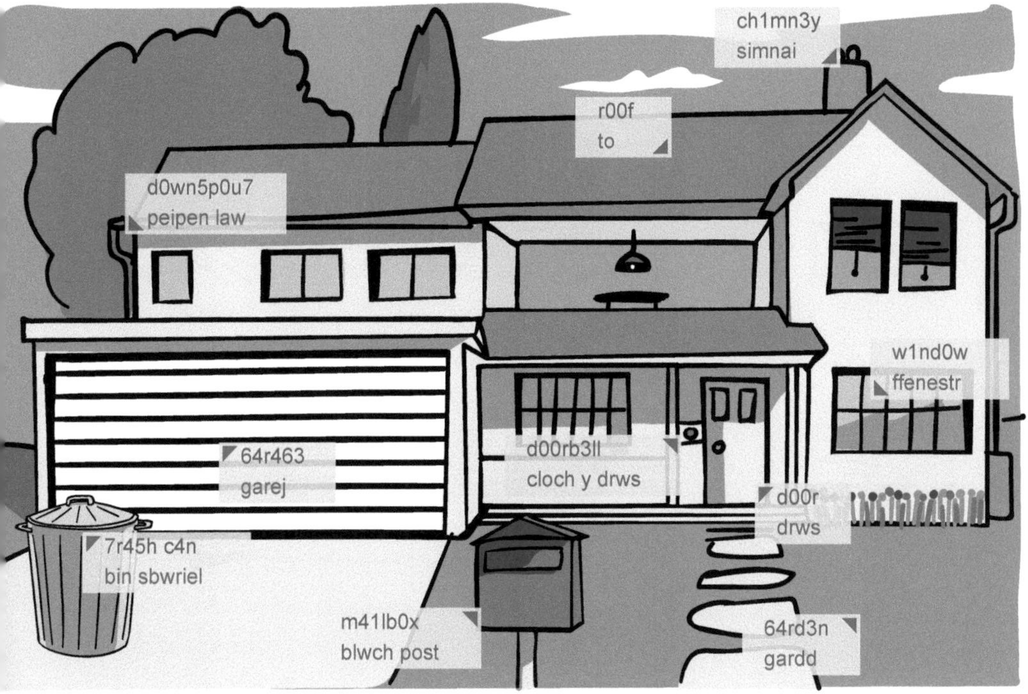
ch1mn3y
simnai
r00f
to
d0wn5p0u7
peipen law
w1nd0w
ffenestr
64r463
garej
d00rb3ll
cloch y drws
d00r
drws
7r45h c4n
bin sbwriel
m41lb0x
blwch post
64rd3n
gardd

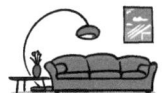

l1v1n6 r00m

lolfa

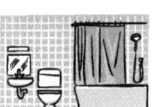

b47hr00m

ystafell ymolchi

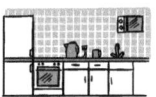

k17ch3n

cegin

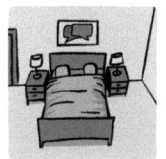

b3dr00m

ystafell wely

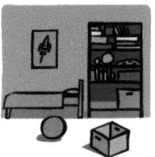

ch1ld'5 r00m

ystafell plentyn

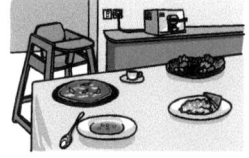

d1n1n6 r00m

ystafell fwyta

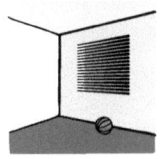

fl00r

llawr

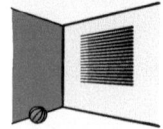

w4ll

wal

c31l1n6

nenfwd

c3ll4r

seler

54un4

sawna

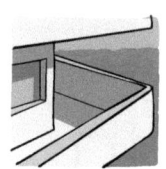

b4lc0ny

balconi

73rr4c3

teras

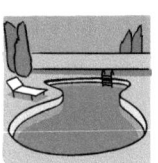

p00l

pwll

l4wn m0w3r

peiriant torri gwair

5h337

taflen

b3d5pr34d

gorchudd gwely

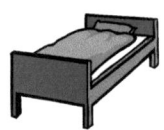

b3d

gwely

br00m

ysgub

buck37

bwced

5w17ch

swits

l1v1n6 r00m

lolfa

w4llp4p3r
papur wal
p1c7ur3
llun
l4mp
lamp
5h3lf
silff
c4b1n37
cwpwrdd
73l3v1510n
teledu
f1r3pl4c3
lle tân
fl0w3r
blodyn
cu5h10n
clustog
50f4
soffa
v453
fâs
r3m073 c0n7r0l
rheolydd o bell

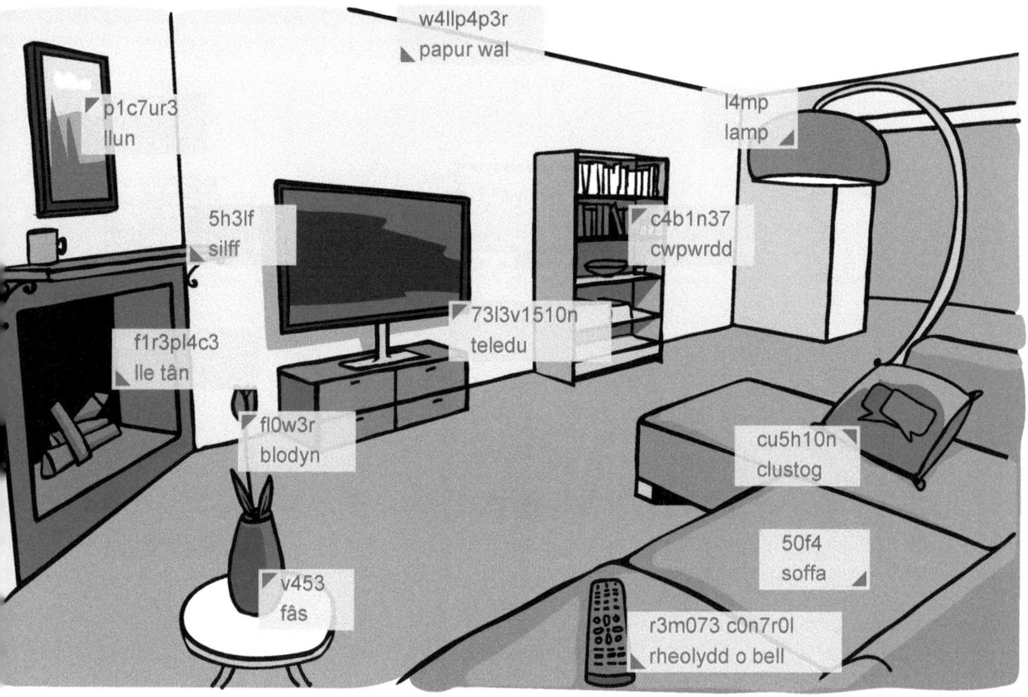

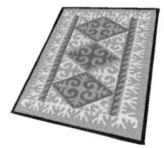

c4rp37
carped

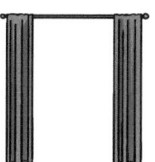

dr4p3
llen

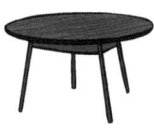

74bl3
bwrdd

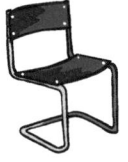

ch41r
cadair

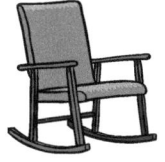

r0ck1n6 ch41r
cadair siglo

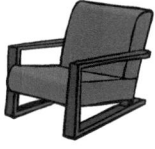

4rmch41r
cadair freichiau

b00k
llyfr

bl4nk37
blanced

d3c0r4710n
addurn

f1r3w00d
coed tân

f1lm
ffilm

573r30 5y573m
hi-fi

k3y
agoriad

n3w5p4p3r
papur newydd

p41n71n6
darlun

p0573r
poster

r4d10
radio

n073b00k
llyfr nodiadau

v4cuum cl34n3r
hwfer

c4c7u5
cactws

c4ndl3
cannwyll

k17ch3n
cegin

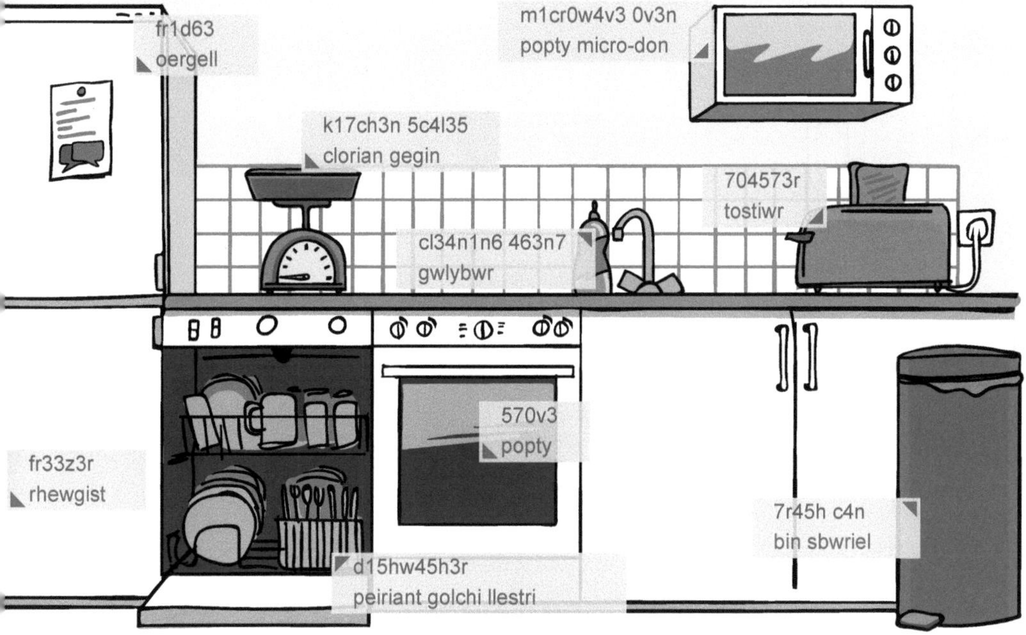

fr1d63
oergell
m1cr0w4v3 0v3n
popty micro-don
k17ch3n 5c4l35
clorian gegin
704573r
tostiwr
cl34n1n6 463n7
gwlybwr
570v3
popty
fr33z3r
rhewgist
7r45h c4n
bin sbwriel
d15hw45h3r
peiriant golchi llestri

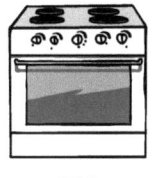

c00k3r

popty

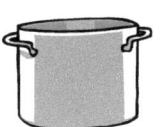

p07

pot

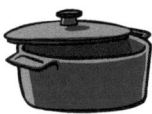

c457-1r0n p07

pot haearn bwrw

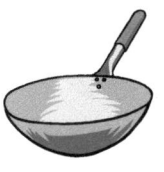

w0k / k4d41

wok / kadai

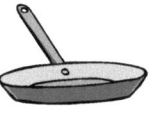

p4n

padell

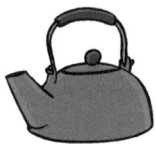

k377l3

tegell

5734m3r

sosban stemio

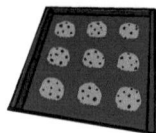

b4k1n6 7r4y

hambwrdd pobi

cr0ck3ry

llestri

mu6

mwg

b0wl

powlen

ch0p571ck5

gweill bwyta

l4dl3

lletwad

5p47ul4

ysbodol

wh15k

chwisg

57r41n3r

hidlydd

513v3

gogr

6r473r

gratiwr

m0r74r

morter

b4rb3cu3

barbeciw

f1r3pl4c3

tân agored

ch0pp1n6 b04rd

bwrdd torri cig

r0ll1n6 p1n

rholbren

c0rk5cr3w

tynnwr corcyn

c4n

tun

c4n 0p3n3r

peth agor tuniau

0v3n cl07h

clwt pot

51nk

sinc

bru5h

brws

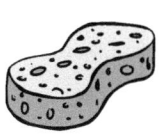

5p0n63

sbwng

bl3nd3r

peiriant cymysgu

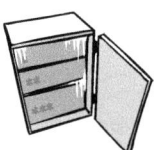

d33p fr33z3r

rhewgell

b4by b077l3

potel babi

74p

tap

b47hr00m
ystafell ymolchi

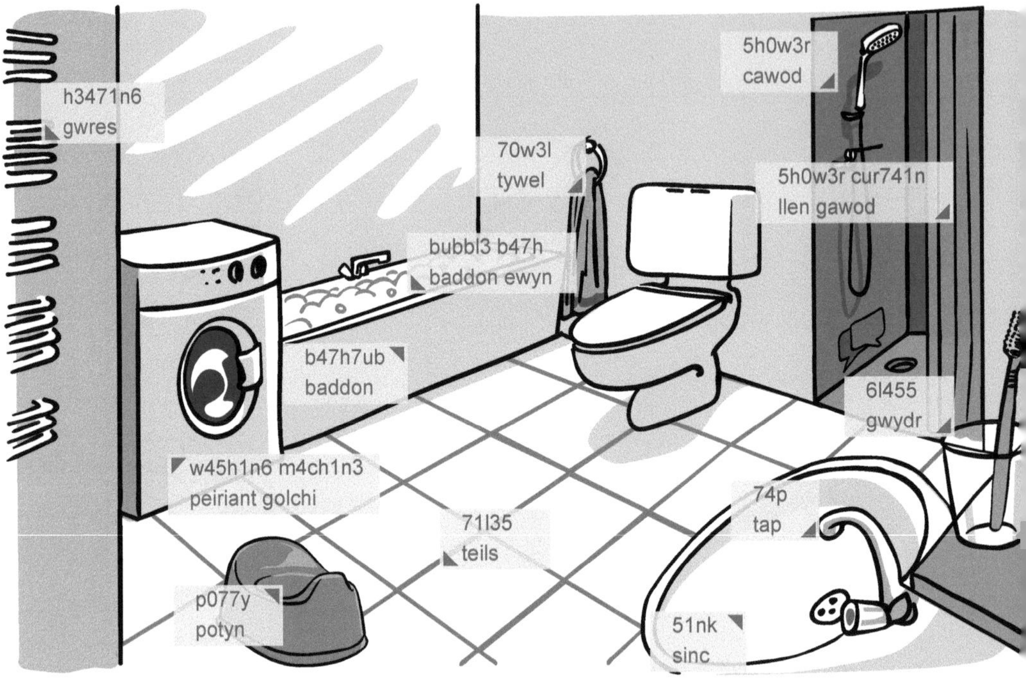

h3471n6
gwres
70w3l
tywel
5h0w3r
cawod
5h0w3r cur741n
llen gawod
bubbl3 b47h
baddon ewyn
b47h7ub
baddon
6l455
gwydr
w45h1n6 m4ch1n3
peiriant golchi
74p
tap
71l35
teils
p077y
potyn
51nk
sinc

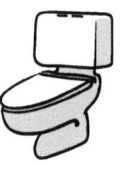

701l37
tŷ bach

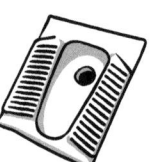

5qu47 701l37
toiled cyrcydu

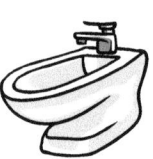

b1d37
bidet

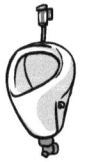

ur1n4l
troethfa

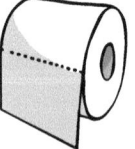

701l37 p4p3r
papur tŷ bach

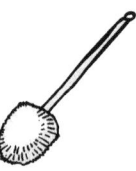

701l37 bru5h
brws tŷ bach

7007hbru5h

brws dannedd

7007hp4573

past dannedd

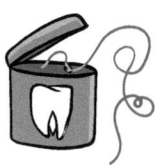

d3n74l fl055

edau ddannedd

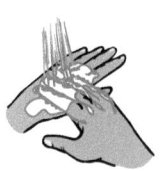

w45h

golchi

h4nd 5h0w3r

cawod llaw

d0uch3

golchfa

b451n

basn

b4ck bru5h

brws-ôl

504p

sebon

5h0w3r 63l

gel cawod

5h4mp00

siampŵ

fl4nn3l

gwlanen

dr41n

ffos

cr3m3

hufen

d30d0r4n7

diaroglydd

m1rr0r

drych

h4nd m1rr0r

drych llaw

r4z0r

rasel

5h4v1n6 f04m

ewyn eillio

4f73r5h4v3

sent eillio

c0mb

crib

bru5h

brws

h41r-dry3r

sychwr gwallt

h41r5pr4y

chwistrell gwallt

m4k3up

colur

l1p571ck

minlliw

n41l v4rn15h

farnais ewinedd

c0770n w00l

gwlân cotwm

n41l 5c1550r5

siswrn ewinedd

p3rfum3

persawr

w45hb46

bag ymolchi

5700l

stôl

w316h1n6 5c4l35

clorian

b47hr0b3

gŵn baddon

rubb3r 6l0v35

menig rwber

74mp0n

tampon

54n174ry 70w3l

tywel misglwyf

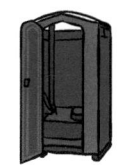

ch3m1c4l 701l37

toiled cemegol

ch1ld'5 r00m

ystafell plentyn

4l4rm cl0ck
cloc larwm
cuddly 70y
tegan anwes
70y c4r
car tegan
d0ll'5 h0u53
tŷ dol
pr353n7
anrheg
r477l3
cleciwr

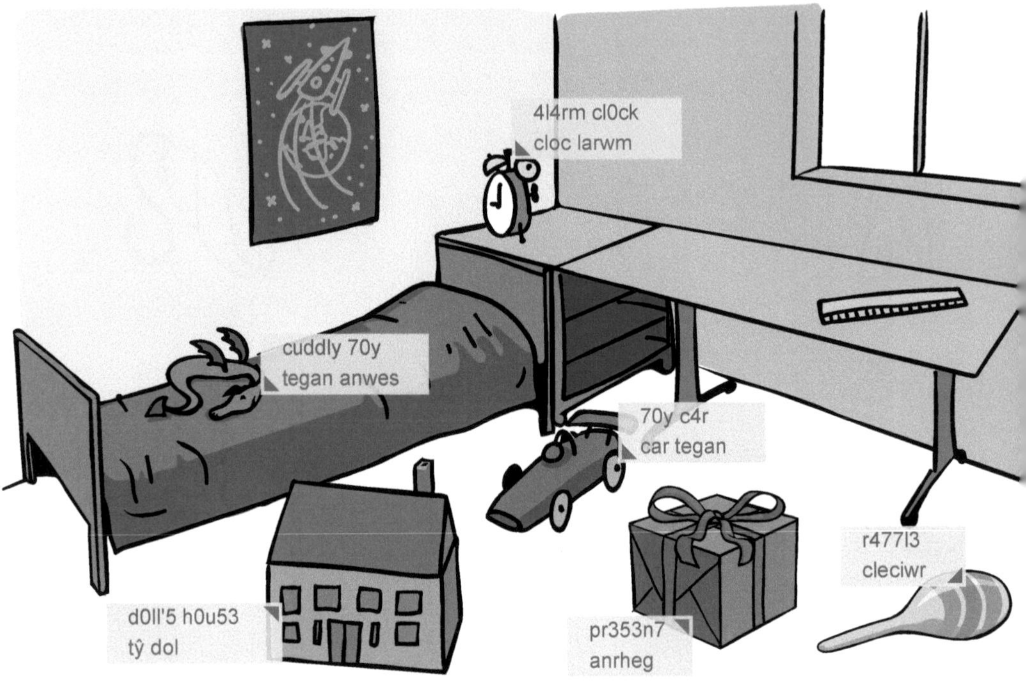

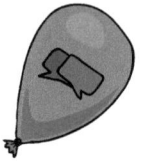

b4ll00n

balŵn

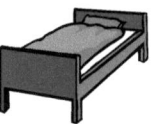

b3d

gwely

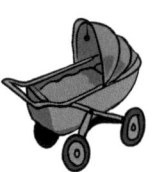

57r0ll3r

pram

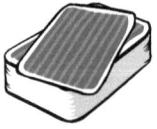

d3ck 0f c4rd5

pecyn o gardiau

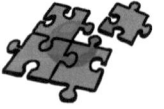

j1654w

jig-so

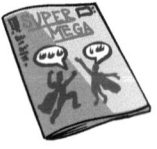

c0m1c

comic

l360 br1ck5

brics Lego

70y bl0ck5

blociau adeiladu

4c710n f16ur3

ffigur gweithredu

r0mp3r 5u17

babygro

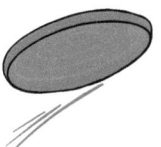

fr15b33

ffrisbi

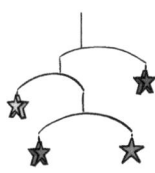

m0b1l3

ffôn symudol

b04rd 64m3

gêm fwrdd

d1c3

deis

m0d3l 7r41n 537

set model trên

dummy

teth lwgu

p4r7y

parti

p1c7ur3 b00k

llyfr lluniau

b4ll

pêl

d0ll

dol

pl4y

chwarae

54ndp17

pwll tywod

5w1n6

swing

70y

teganau

v1d30 64m3 c0n50l3

consol gemau fideo

7r1cycl3

beic tair olwyn

73ddy b34r

tedi

w4rdr0b3

cwpwrdd dillad

cl07h1n6

dillad

50ck5

hosanau

570ck1n65

hosanau

716h75

teits

5c4rf
sgarff

umbr3ll4
ymbarél

7-5h1r7
crys-t

b3l7
gwregys

5n34k3r5
esidiau ymarfer

b0075
esgidiau

5l1pp3r5
sliperi

54nd4l5
....
sandalau

5h035
....
esgidiau

rubb3r b0075
....
esgidiau rwber

br13f5
....
trôns

br4
....
bra

und3r5h1r7
....
fest

b0dy
corff

p4n75
trowsus

j34n5
jîns

5k1r7
sgert

bl0u53
blows

5h1r7
crys

pull0v3r
pwlofer

5w3473r
hwdi

bl4z3r
blaser

j4ck37
siaced

c047
côt

r41nc047
côt law

c057um3
gwisg

dr355
gŵn

w3dd1n6 dr355
gwisg briodas

5u17

siwt

n16h760wn

gŵn nos

p4j4m45

pyjamas

54r1

sari

h34d5c4rf

sgarff pen

7urb4n

tyrban

burk4

bwrca

k4f74n

cafftan

4b4y4

abaya

5w1m5u17

gwisg nofio

7runk5

trowsus nofio

5h0r75

siorts

7r4ck5u17

tracwisg

4pr0n

ffedog

6l0v35

menig

bu770n
....
botwm

6l45535
....
sbectol

br4c3l37
....
breichled

n3ckl4c3
....
cadwyn

r1n6
....
modrwy

34rr1n6
....
clustdlws

c4p
....
cap

c047 h4n63r
....
cambren

h47
....
het

713
....
tei

z1p
....
sip

h3lm37
....
helmed

br4c35
....
fframiau danedd

5ch00l un1f0rm
....
gwisg ysgol

un1f0rm
....
gwisg

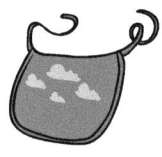

b1b

bib

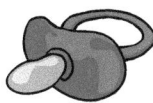

dummy

teth lwgu

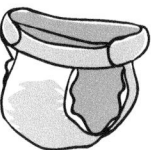

d14p3r

cewyn

0ff1c3

swyddfa

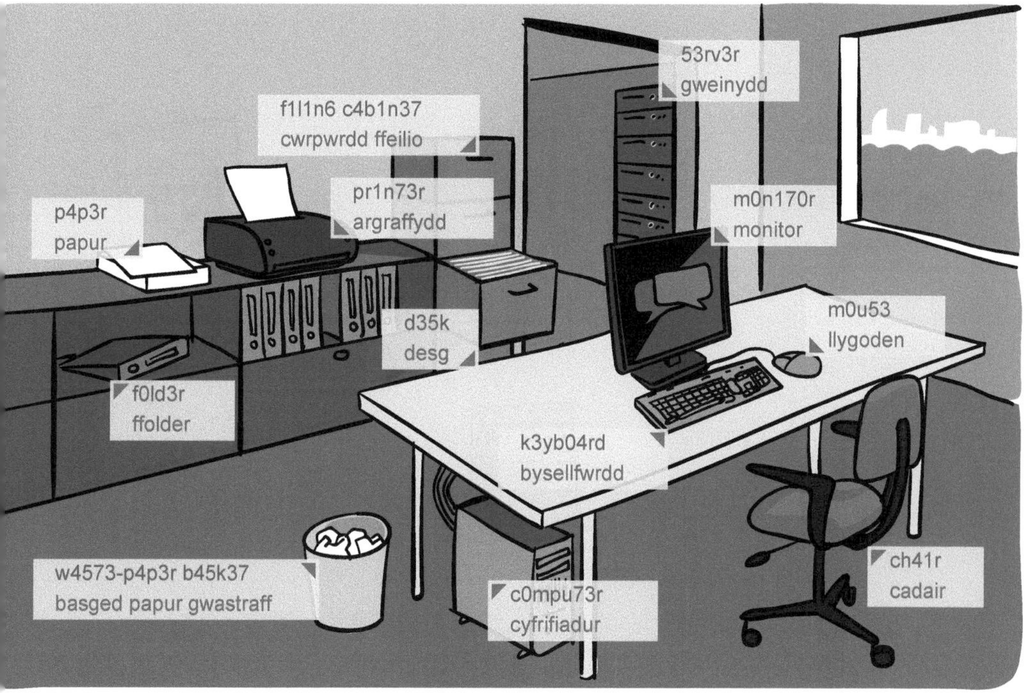
53rv3r
gweinydd
f1l1n6 c4b1n37
cwrpwrdd ffeilio
pr1n73r
argraffydd
p4p3r
papur
m0n170r
monitor
m0u53
llygoden
d35k
desg
f0ld3r
ffolder
k3yb04rd
bysellfwrdd
w4573-p4p3r b45k37
basged papur gwastraff
c0mpu73r
cyfrifiadur
ch41r
cadair

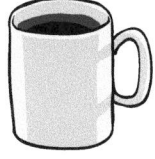

c0ff33 mu6

mwg coffi

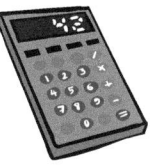

c4lcul470r

cyfrifiannell

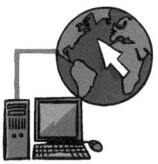

1n73rn37

rhyngrwyd

l4p70p

gliniadur

l3773r

llythyr

m355463

neges

c3ll ph0n3

ffôn symudol

n37w0rk

rhwydwaith

ph070c0p13r

llungopïwr

50f7w4r3

meddalwedd

73l3ph0n3

teleffon

plu6 50ck37

soced plwg

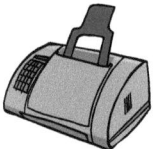

f4x m4ch1n3

peiriant ffacs

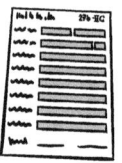

f0rm

ffurflen

d0cum3n7

dogfen

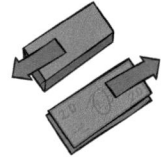

buy

prynu

p4y

talu

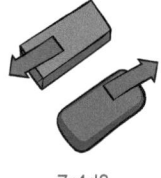

7r4d3

masnachu

m0n3y

arian

 USD

d0ll4r

doler

 EUR

3ur0

ewro

 JPY

y3n

yen

 RUB

r0ubl3

rwbl

 CHF

5w155 fr4nc

ffranc y Swistir

 CNY

r3nm1nb1 yu4n

yuan renminbi

 INR

rup33

rwpi

c45h p01n7

peiriant arian

curr3ncy 3xch4n63 0ff1c3

swyddfa gyfnewid

60ld

aur

51lv3r

arian

01l

olew

3n3r6y

ynni

pr1c3

pris

c0n7r4c7

contract

74x

treth

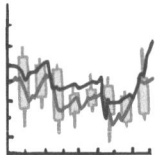

570ck

stoc

w0rk

gweithio

3mpl0y33

cyflogai

3mpl0y3r

cyflogwr

f4c70ry

ffatri

5h0p

siop

0ccup4710n5
swyddi

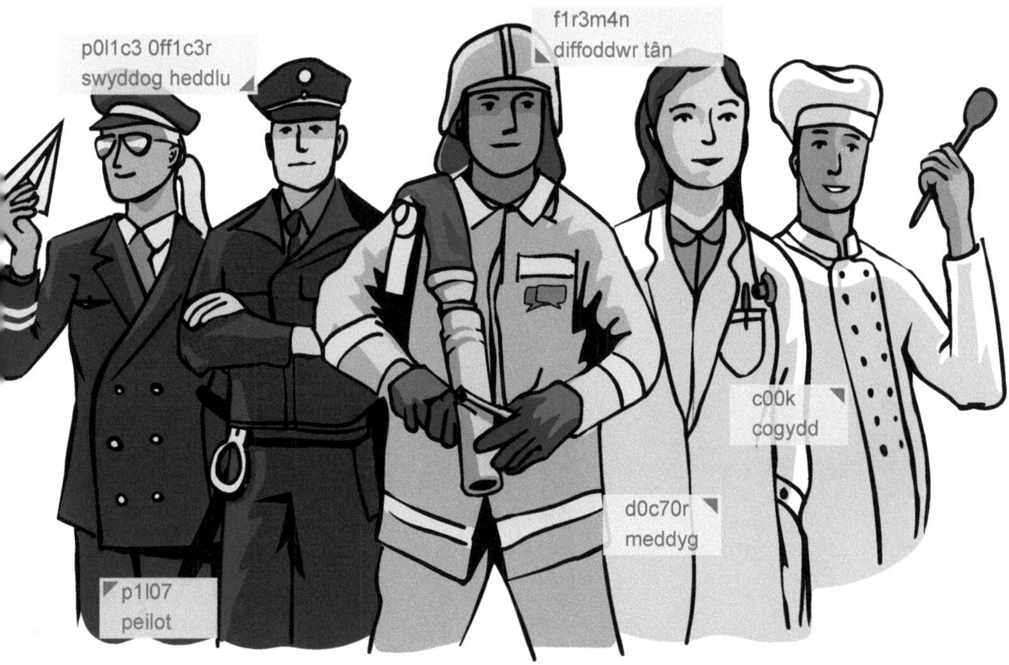
p0l1c3 0ff1c3r
swyddog heddlu
f1r3m4n
diffoddwr tân
c00k
cogydd
d0c70r
meddyg
p1l07
peilot

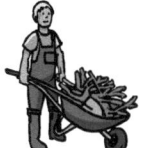

64rd3n3r
garddwr

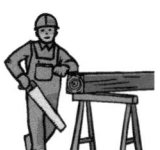

c4rp3n73r
saer

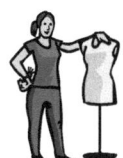

534m57r355
gwniadwraig

jud63
barnwr

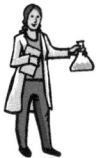

ch3m157
fferyllydd

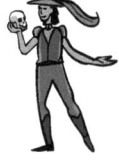

4c70r
actor

bu5 dr1v3r

gyrrwr bws

74x1 dr1v3r

gyrrwr tacsi

f15h3rm4n

pysgotwr

cl34n1n6 l4dy

glanhawraig

r00f3r

töwr

w4173r

gweinydd

hun73r

heliwr

p41n73r

paentiwr

b4k3r

pobydd

3l3c7r1c14n

trydanwr

bu1ld3r

adeiladwr

3n61n33r

peiriannydd

bu7ch3r

cigydd

plumb3r

plymiwr

p057m4n

dyn y post

50ld13r

milwr

4rch173c7

pensaer

c45h13r

ariannwr

fl0r157

gwerthwr blodau

h41rdr3553r

triniwr gwallt

c0nduc70r

archwiliwr tocynnau
rheilffordd

m3ch4n1c

mecanydd

c4p741n

capten

d3n7157

deintydd

5c13n7157

gwyddonydd

r4bb1

rabi

1m4m

imam

m0nk

mynach

p4570r

clerigwr

700l5

offer

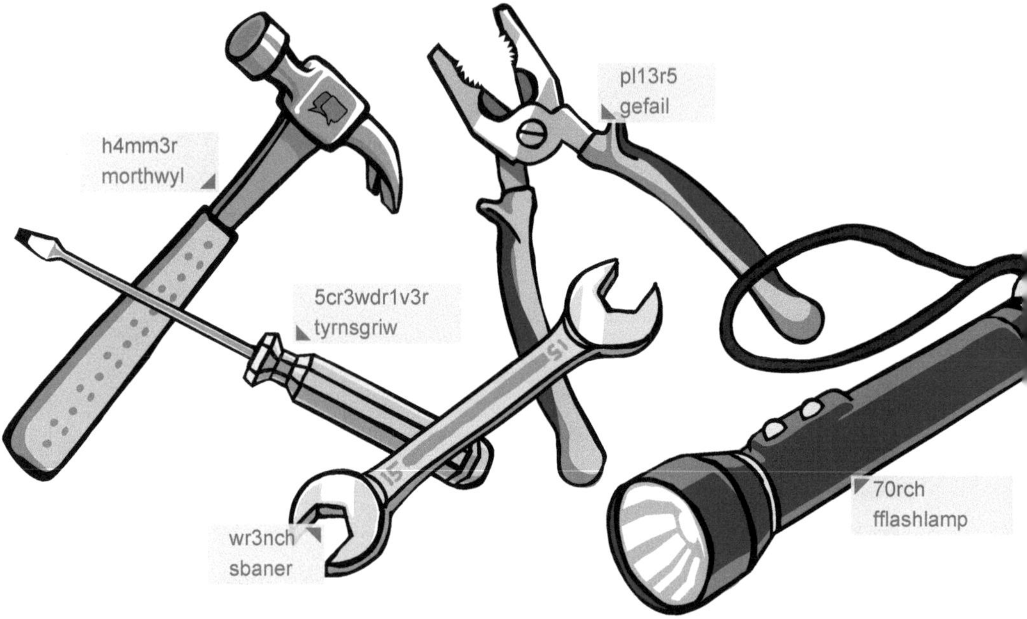

h4mm3r
morthwyl
pl13r5
gefail
5cr3wdr1v3r
tyrnsgriw
wr3nch
sbaner
70rch
fflashlamp

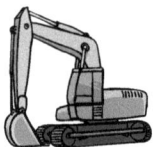

3xc4v470r

turiwr

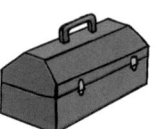

700lb0x

blwch offer

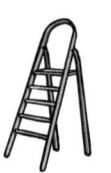

l4dd3r

ysgol

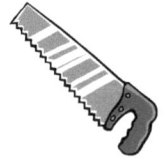

54w

llif

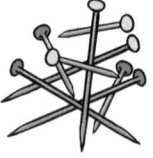

n41l5

hoelion

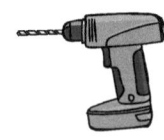

dr1ll

dril

r3p41r
....
trwsio

5h0v3l
....
rhaw

d4mn!
....
Daria!

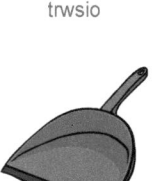

du57p4n
....
rhaw lwch

p41n7 c4n
....
pot paent

5cr3w5
....
sgriwiau

mu51c4l 1n57rum3n75

offerynnau cerdd

drum 537
set drymiau

l0ud 5p34k3r
uchelseinydd

6u174r
gitâr

7rump37
trwmped

d0ubl3 b455
bas dwbl

p14n0

piano

v10l1n

ffidil

b455

bas

71mp4n1

timpani

drum5

drymiau

k3yb04rd

cyweirfwrdd

54x0ph0n3

sacsoffon

flu73

ffliwt

m1cr0ph0n3

meicroffon

z00

sŵ

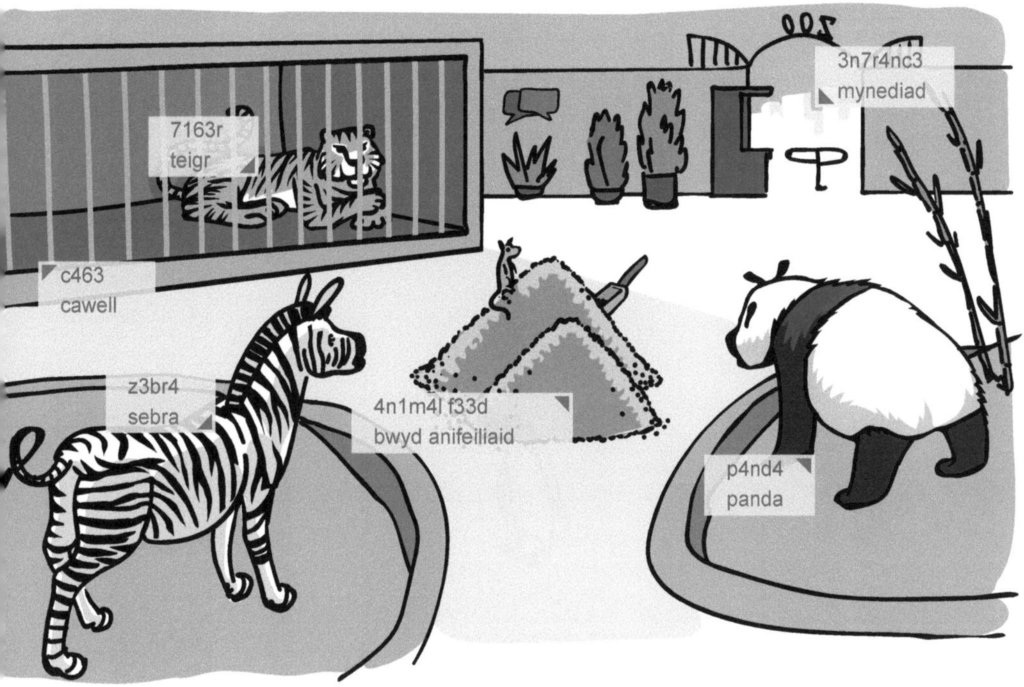
3n7r4nc3
mynediad
7163r
teigr
c463
cawell
z3br4
sebra
4n1m4l f33d
bwyd anifeiliaid
p4nd4
panda

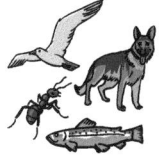

4n1m4l5

anifeiliaid

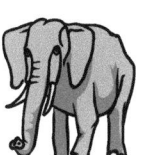

3l3ph4n7

eliffant

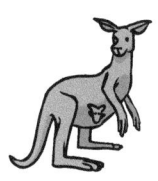

k4n64r00

cangarŵ

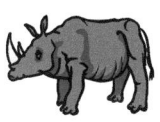

rh1n0

rhinoseros

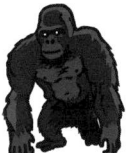

60r1ll4

gorila

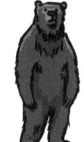

b34r

arth

c4m3l

camel

057r1ch

estrys

l10n

llew

m0nk3y

mwnci

fl4m1n60

fflamingo

p4rr07

parot

p0l4r b34r

arth wen

p3n6u1n

pengwin

5h4rk

siarc

p34c0ck

paun

5n4k3

neidr

cr0c0d1l3

crocodeil

z00k33p3r

gofalwr sŵ

534l

morlo

j46u4r

jagwar

p0ny

merlyn

l30p4rd

llewpard

h1pp0

hipo

61r4ff3

jiráff

346l3

eryr

b04r

baedd

f15h

pysgodyn

7ur7l3

crwban

w4lru5

walrws

f0x

llwynog

64z3ll3

gafrewig

4m3r1c4n f007b4ll
pêl-droed America

cycl1n6
beicio

73nn15
tennis

b45k37b4ll
pêl-fasged

5w1mm1n6
nofio

b0x1n6
bocsio

1c3 h0ck3y
hoci iâ

50cc3r

pêl-droed

b4dm1n70n

badminton

47hl371c5

athletau

h4ndb4ll

pêl-law

5k11n6

sgïo

p0l0

polo

4c71v17135
gweithgareddau

jump
neidio
hu6
cofleidio
l4u6h
chwerthin
w4lk
cerdded
51n6
canu
dr34m
breuddwydio
pr4y
gweddïo
k155
cusanu

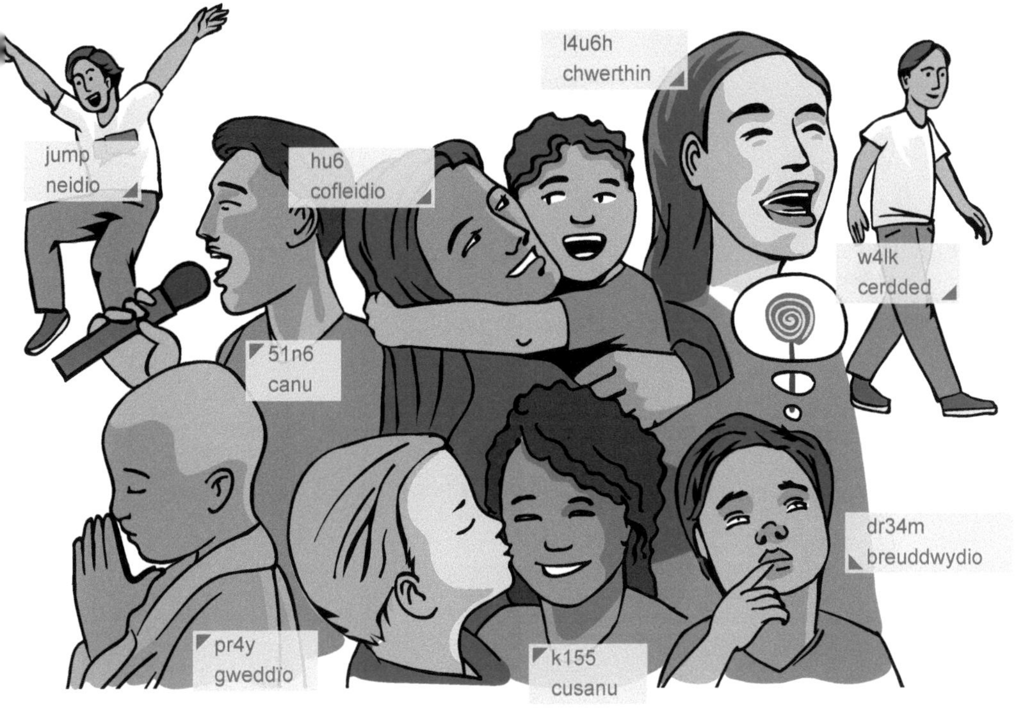

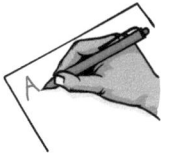

wr173

ysgrifennu

dr4w

tynnu

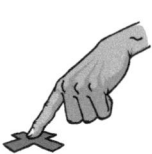

5h0w

dangos

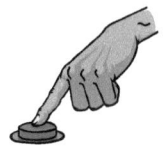

pu5h

gwthio

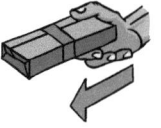

61v3

rhoi

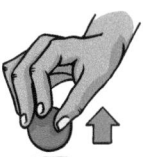

74k3

cymryd

h4v3

bod gan

d0

gwneud

b3

bod

574nd

sefyll

run

rhedeg

pull

tynnu

7hr0w

taflu

f4ll

disgyn

l13

gorwedd

w417

aros

c4rry

cario

517

eistedd

637 dr3553d

gwisgo amdanoch

5l33p

cysgu

w4k3 up

deffro

l00k 47

edrych ar

cry

crïo

57r0k3

anwesu

c0mb

cribo

74lk

siarad

und3r574nd

deall

45k

gofyn

l1573n

gwrando

dr1nk

yfed

347

bwyta

71dy up

tacluso

l0v3

caru

c00k

coginio

dr1v3

gyrru

fly

hedfan

5411

hwylio

c4lcul473

cyfrifo

r34d

darllen

l34rn

dysgu

w0rk

gweithio

m4rry

priodi

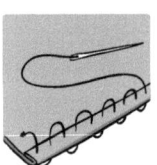

53w

gwnïo

bru5h 7337h

brwsio dannedd

k1ll

lladd

5m0k3

ysmygu

53nd

anfon

f4m1ly
teulu

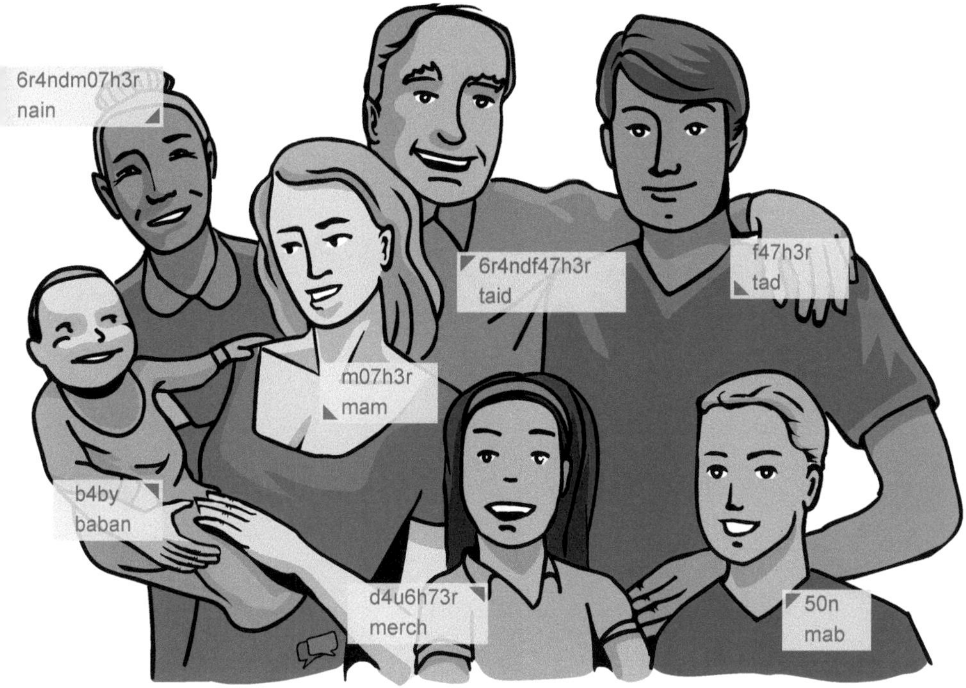
6r4ndm07h3r
nain
6r4ndf47h3r
taid
f47h3r
tad
m07h3r
mam
b4by
baban
d4u6h73r
merch
50n
mab

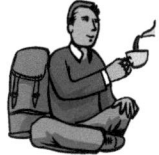

6u357
gwestai

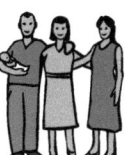

4un7
modryb

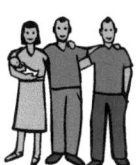

uncl3
ewythr

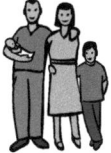

br07h3r
brawd

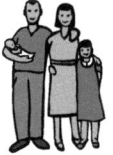

51573r
chwaer

b0dy

corff

f0r3h34d
talcen
3y3
llygad
f4c3
wyneb
ch1n
gên
br3457
bron
f1n63r
bys
h4nd
llaw
4rm
braich
5h0uld3r
ysgwydd
l36
coes

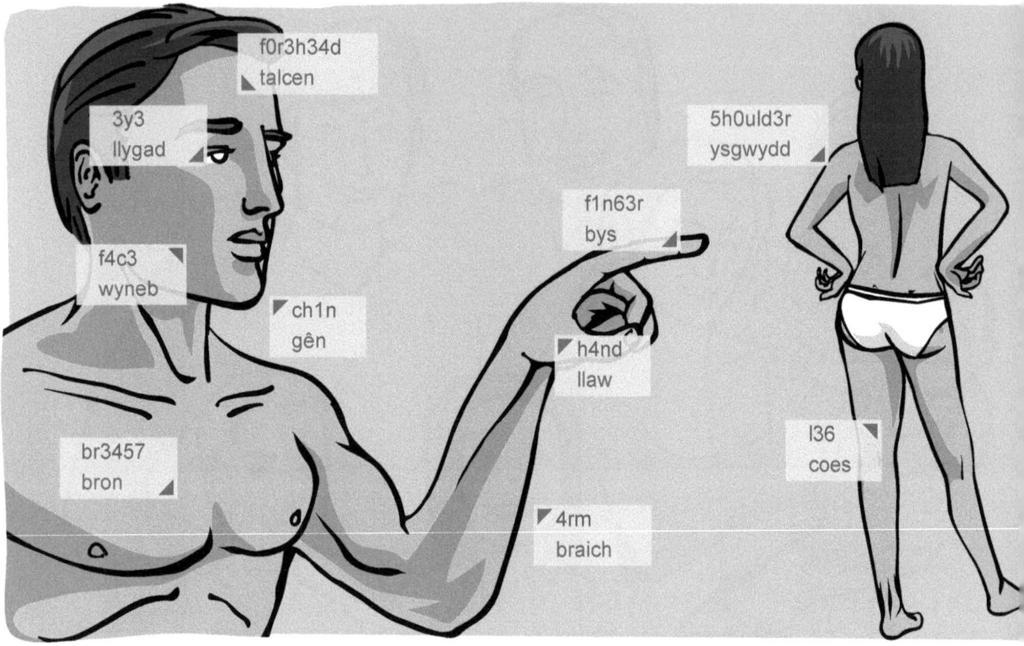

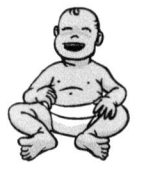

b4by

baban

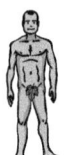

m4n

dyn

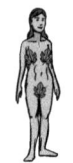

w0m4n

gwraig

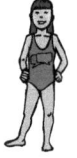

61rl

geneth

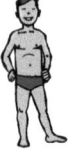

b0y

bachgen

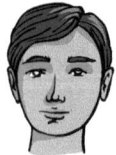

h34d

pen

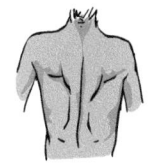

b4ck
....
cefn

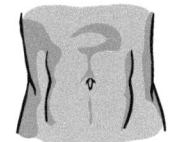

b3lly
....
bel

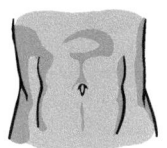

n4v3l
....
bogail

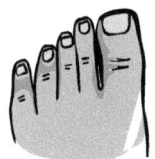

703
....
bys troed

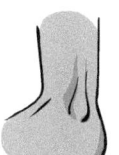

h33l
....
sawdl

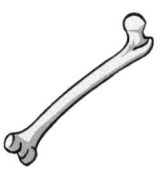

b0n3
....
asgwrn

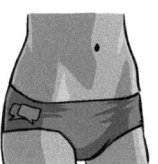

h1p
....
clun

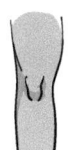

kn33
....
pen-glin

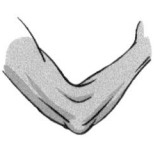

3lb0w
....
penelin

n053
....
trwyn

bu770ck5
....
pen ôl

5k1n
....
croen

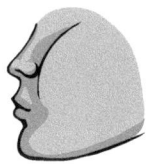

ch33k
....
boch

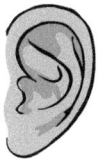

34r
....
clust

l1p
....
gwefus

b0dy - corff

m0u7h

ceg

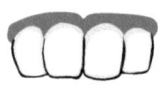

7007h

dant

70n6u3

tafod

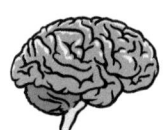

br41n

ymennydd

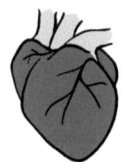

h34r7

calon

mu5cl3

cyhyr

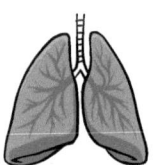

lun6

ysgyfaint

l1v3r

iau

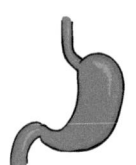

570m4ch

stumog

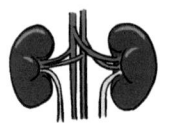

k1dn3y5

arennau

53x

rhyw

c0nd0m

condom

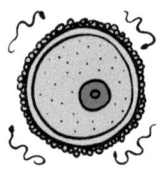

0vum

ofwm

53m3n

semen

pr36n4ncy

beichiogrwydd

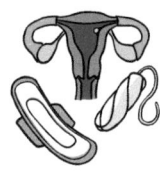

m3n57ru4710n
....
mislif

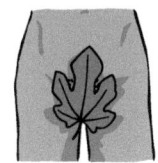

v461n4
....
fagina

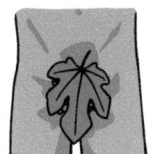

p3n15
....
pidyn

3y3br0w
....
ael

h41r
....
gwallt

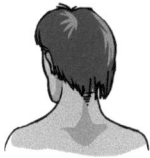

n3ck
....
gwddf

h05p174l

ysbyty

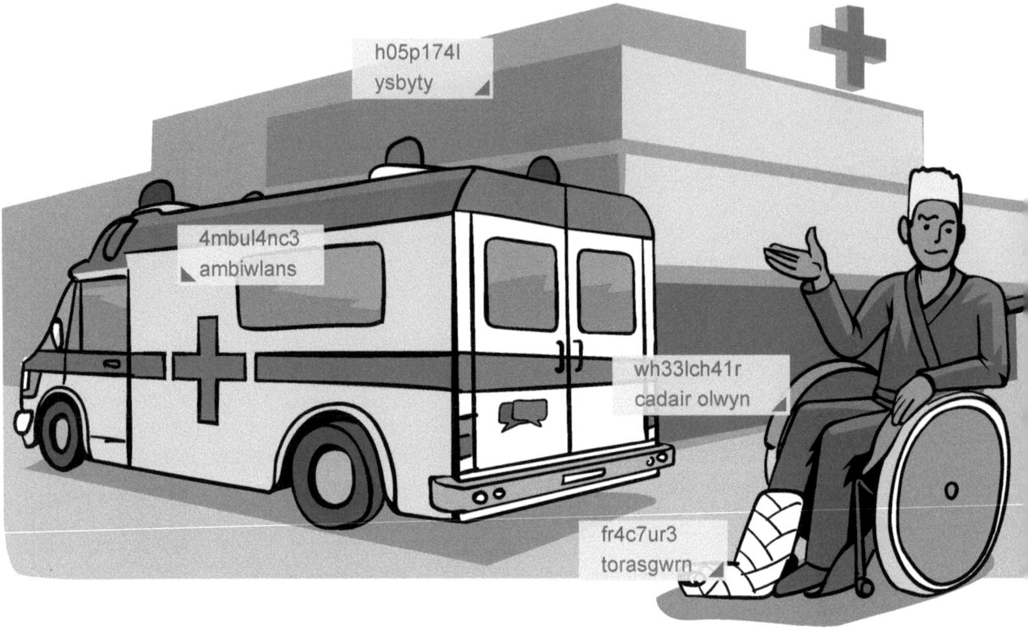

h05p174l
ysbyty
4mbul4nc3
ambiwlans
wh33lch41r
cadair olwyn
fr4c7ur3
torasgwrn

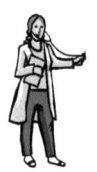

d0c70r

meddyg

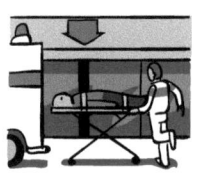

3m3r63ncy r00m

ystafell argyfwng

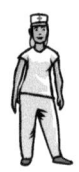

nur53

nyrs

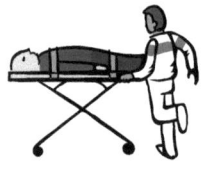

3m3r63ncy

argyfwng

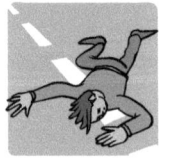

unc0n5c10u5

anymwybodol

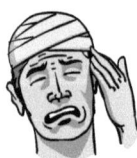

p41n

poen

1njury

anaf

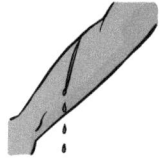

bl33d1n6

gwaedu

h34r7 4774ck

trawiad ar y galon

57r0k3

strôc

4ll3r6y

alergedd

c0u6h

peswch

f3v3r

twymyn

flu

ffliw

d14rrh34

dolur rhydd

h34d4ch3

cur pen

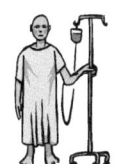

c4nc3r

canser

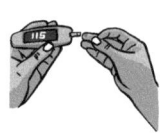

d14b3735

diabetes

5ur630n

llawfeddyg

5c4lp3l

fflaim

0p3r4710n

gweithrediad

c7

CT

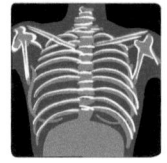

x-r4y

pelydr-x

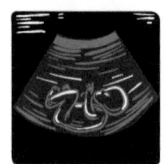

ul7r450und

uwchsain

f4c3 m45k

mwgwd wyneb

d153453

clefyd

w4171n6 r00m

ystafell aros

cru7ch

bagl

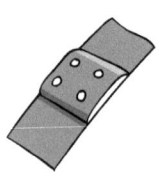

pl4573r

plastr

b4nd463

rhwymyn

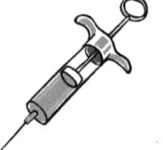

1nj3c710n

pigiad

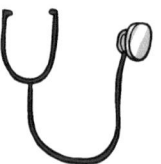

5737h05c0p3

stethosgop

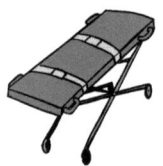

57r37ch3r

elorwely

cl1n1c4l 7h3rm0m373r

thermomedr clinigol

b1r7h

genedigaeth

0v3rw316h7

dros bwysau

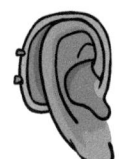

h34r1n6 41d

cymorth clyw

d151nf3c74n7

diheintydd

1nf3c710n

haint

v1ru5

firws

h1v / 41d5

HIV / AIDS

m3d1c1n3

meddygaeth

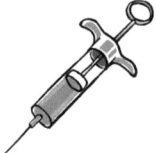

v4cc1n4710n

brechiad

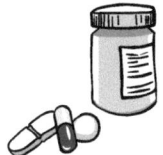

74bl375

tabledi

p1ll

y bilsen

3m3r63ncy c4ll

galwad frys

bl00d pr355ur3 m0n170r

monitor pwysau gwaed

1ll / h34l7hy

yn sâl / yn iach

h3lp!

Help!

4l4rm

larwm

4554ul7

ymosodiad

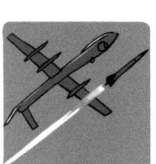

4774ck

ymosodiad

d4n63r

perygl

3m3r63ncy 3x17

allanfa argyfwng

f1r3!

Tân!

f1r3 3x71n6u15h3r

diffoddwr tân

4cc1d3n7

damwain

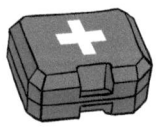

f1r57-41d k17

pecyn cymorth cyntaf

505

SOS

p0l1c3

heddlu

3ur0p3

Ewrop

n0r7h 4m3r1c4

Gogledd America

50u7h 4m3r1c4

De America

4fr1c4

Affrica

4514

Asia

4u57r4l14

Awstralia

47l4n71c

Iwerydd

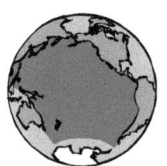

p4c1f1c

y Môr Tawel

1nd14n 0c34n

Cefnfor yr India

4n74rc71c 0c34n

Cefnfor yr Antarctig

4rc71c 0c34n

Cefnfor yr Arctig

n0r7h p0l3

Pegwn y Gogledd

50u7h p0l3
Pegwn y De

4n74rc71c4
Antarctica

34r7h
y Ddaear

l4nd
tir

534
môr

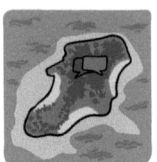

15l4nd
ynys

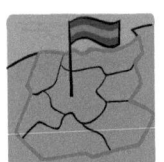

n4710n
cenedl

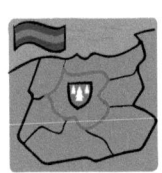

57473
gwladwriaeth

cl0ck f4c3

wyneb cloc

h0ur h4nd

bys awr

m1nu73 h4nd

bys munud

53c0nd h4nd

bys eiliad

wh47 71m3 15 17?

Faint o'r gloch yw hi?

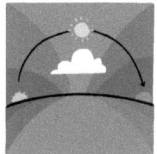

d4y

dydd

71m3

amser

n0w

yn awr

d16174l w47ch

cloc digidol

m1nu73

munud

h0ur

awr

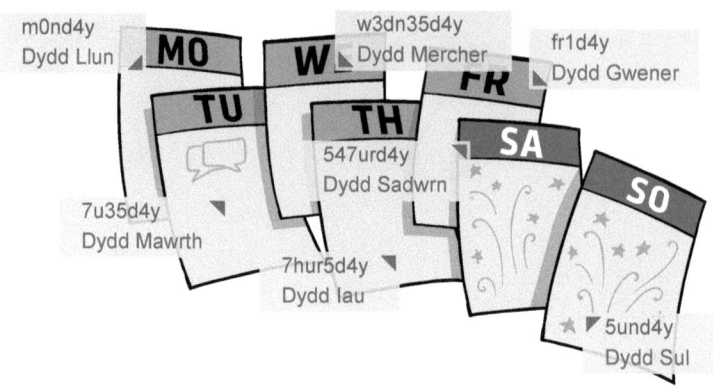

mOnd4y
Dydd Llun

w3dn35d4y
Dydd Mercher

fr1d4y
Dydd Gwener

7u35d4y
Dydd Mawrth

547urd4y
Dydd Sadwrn

7hur5d4y
Dydd Iau

5und4y
Dydd Sul

y3573rd4y

ddoe

70d4y

heddiw

70m0rr0w

yfory

m0rn1n6

bore

n00n

canol dydd

3v3n1n6

noswaith

w0rkd4y5

diwrnodiau busnes

w33k3nd

penwythnos

y34r

blwyddyn

r41n
glaw
r41nb0w
enfys
w1nd
gwynt
5n0w
eira
5pr1n6
gwanwyn
f4ll
hydref
5umm3r
haf
w1n73r
gaeaf

4.APRIL 11°
5.APRIL 4°
6.APRIL 13°
7.APRIL 8°
8.APRIL 10°

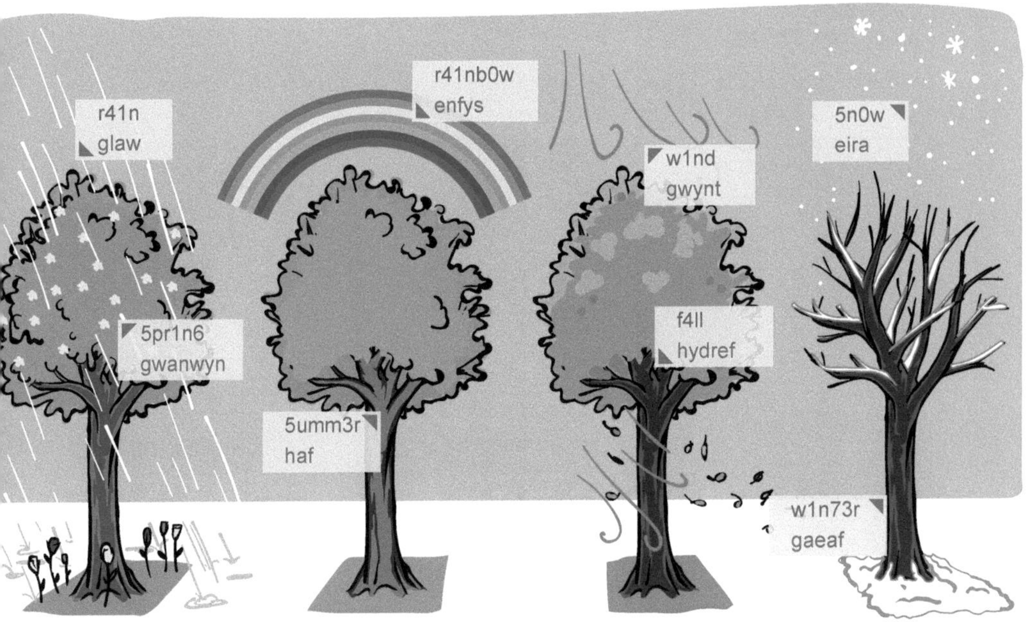

w347h3r f0r3c457

rhagolygon y tywydd

F
120
90
60
30
0
-30
C
40
30
20
10
0
-10
-20

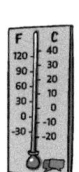

7h3rm0m373r

thermomedr

5un5h1n3

heulwen

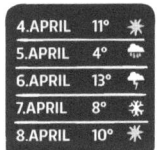

cl0ud

cwmwl

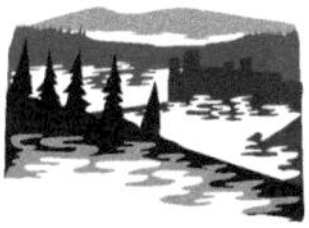

f06

niwl tew

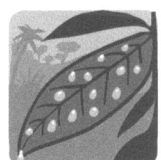

hum1d17y

lleithder

l16h7n1n6

mellt

7hund3r

taranau

570rm

storm

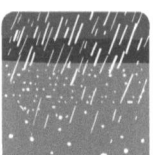

h41l

cenllysg

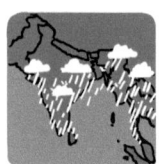

m0n500n

monsŵn

fl00d

llif

1c3

iâ

j4nu4ry

Ionawr

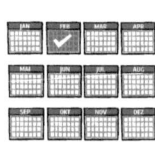

f3bru4ry

Chwefror

m4rch

Mawrth

4pr1l

Ebrill

m4y

Mai

jun3

Mehefin

july

Gorffennaf

4u6u57

Awst

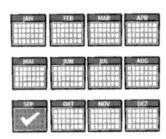

53p73mb3r
....
Medi

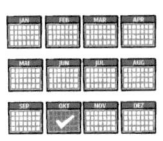

0c70b3r
....
Hydref

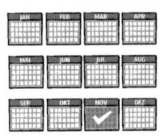

n0v3mb3r
....
Tachwedd

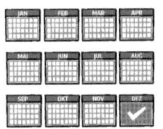

d3c3mb3r
....
Rhagfyr

siapiau

c1rcl3
....
cylch

5qu4r3
....
sgwâr

r3c74n6l3
....
petryal

7r14n6l3
....
triongl

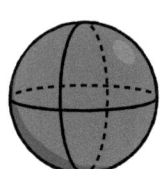

5ph3r3
....
sffêr

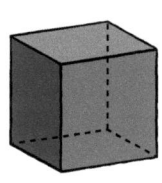

cub3
....
ciwb

wh173

gwyn

y3ll0w

melyn

0r4n63

oren

p1nk

pinc

r3d

coch

purpl3

porffor

blu3

glas

6r33n

gwyrdd

br0wn

brown

6r4y

llwyd

bl4ck

du

4 l07 / 4 l177l3

llawer / ychydig

4n6ry / c4lm

dig / tawel

b34u71ful / u6ly

hardd / hyll

b361nn1n6 / 3nd

dechrau / diwedd

b16 / 5m4ll

mawr / bach

br16h7 / d4rk

llachar / tywyll

br07h3r / 51573r

brawd / chwaer

cl34n / d1r7y

glân / budr

c0mpl373 / 1nc0mpl373

gyflawn / anghyflawn

d4y / n16h7

dydd / nos

d34d / 4l1v3

farw / yn fyw

w1d3 / n4rr0w

eang / cul

3d1bl3 / 1n3d1bl3

bwytadwy / anfwytadwy

3v1l / k1nd

drwg / caredig

3xc173d / b0r3d

llawn cyffro / diflasu

f47 / 7h1n

tew / tenau

f1r57 / l457

cyntaf / olaf

fr13nd / 3n3my

cyfaill / gelyn

full / 3mp7y

llawn / gwag

h4rd / 50f7

caled / meddal

h34vy / l16h7

trwm / ysgafn

hun63r / 7h1r57

wedi newynnu / yn sychedig

1ll / h34l7hy

yn sâl / yn iach

1ll364l / l364l

anghyfreithlon / cyfreithlon

1n73ll163n7 / 57up1d

deallus / twp

l3f7 / r16h7

chwith / dde

n34r / f4r

agos / pell

n3w / u53d

hewydd / wedi'i ddefnyddio

n07h1n6 / 50m37h1n6

dim / rhywbeth

0ld / y0un6

hen / ifanc

0n / 0ff

ymlaen / i ffwrdd

0p3n / cl053d

ar agor / ar gau

qu137 / l0ud

tawel / uchel

r1ch / p00r

cyfoethog / tlawd

r16h7 / wr0n6

cywir / anghywir

r0u6h / 5m007h

garw / llyfn

54d / h4ppy

trist / hapus

5h0r7 / l0n6

byr / hir

5l0w / f457

araf / cyflym

w37 / dry

gwlyb / sych

w4rm / c00l

cynnes / claear

w4r / p34c3

rhyfel / heddwch

0

z3r0

sero

1

0n3

un

2

7w0

dau

3

7hr33

tri

4

f0ur

pedwar

5

f1v3

pump

6

51x

chwech

7

53v3n

saith

8

316h7

wyth

9

n1n3

naw

10

73n

deg

11

3l3v3n

un deg un

12
7w3lv3
un deg dau

13
7h1r733n
un deg tri

14
f0ur733n
un deg pedwar

15
f1f733n
un deg pump

16
51x733n
un deg chwech

17
53v3n733n
un deg saith

18
316h733n
un deg wyth

19
n1n3733n
un deg naw

20
7w3n7y
dau ddeg

100
hundr3d
cant

1.000
7h0u54nd
mil

1.000.000
m1ll10n
miliwn

3n6l15h

Saesneg

4m3r1c4n 3n6l15h

Saesneg America

ch1n353 m4nd4r1n

Tsieinëeg Mandarin

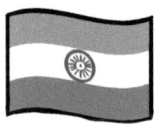

h1nd1

Hindi

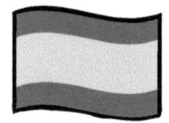

5p4n15h

Sbaeneg

fr3nch

Ffrangeg

4r4b1c

Arabeg

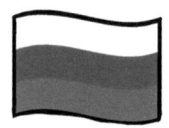

ru5514n

Rwseg

p0r7u6u353

Portiwgaleg

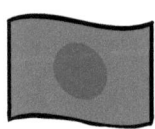

b3n64l1

Bengali

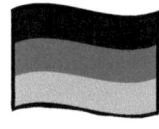

63rm4n

Almaeneg

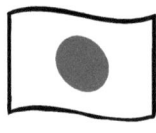

j4p4n353

Siapanaeg

1
....
fi

y0u
....
ti

h3 / 5h3 / 17
....
ef / hi

w3
....
ni

y0u
....
chi

7h3y
....
nhw

wh0?
....
pwy?

wh47?
....
beth?

h0w?
....
sut?

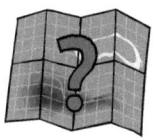

wh3r3?
....
ble?

wh3n?
....
pryd?

n4m3
....
enw

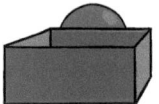

b3h1nd

y tu ôl i

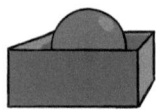

1n

yn / yng / ym / mewn

1n fr0n7 0f

o flaen

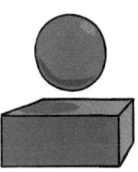

0v3r

dros

0n

ar

und3r

dan

b351d3

wrth ochr

b37w33n

rhwng

pl4c3

lle